やわらかく、考える。

輕鬆思考法

培養靈活觀點的150個啟示

外山滋比古

楓書坊

前言

過去曾有人向一名綽號「常勝軍」的棋士請教該何看待比賽的輸贏。
雖然已經過了很久，但我至今仍記得他的回答。

那個人是這麼說的：「生氣自然最不可取，
但意志消沉、悲傷也不對；志得意滿、興高采烈等情緒也不行。
當你為了贏得比賽而一頭熱時，腦袋反而就不聽使喚了。」

那麼，我們到底該怎麼做呢？

根據他的說法，最佳狀態是用心享受。
雖然你不能歡天喜地，但可以去享受，這是種微妙的心態。

一般愈是關鍵的勝負，人愈容易因緊張而變得僵硬。
光想悠然面對都有困難，更別提要享受了。
然而，這位棋士已從長時間累積的經驗中，
得出這正是贏得勝利至關重要的條件。

不只比賽，如果面對事情都想著：
「無論如何都要成功」、「非成功不可」的話，那可就糟了。
因為如此一來，除了眼前的目標外，心裡某處還會產生無形的敵人，
有時人們會將其稱之為壓力。

而且當事者大多沒有察覺，
但如果不驅散這種情緒，就連本來能做好的事也會失敗。
動腦筋時，我們應盡量不要樹立這種無形的可怕敵人。
不過萬一不小心產生了，又該如何是好呢？
就算腦袋一時之間轉不過來，
也並不代表我們就無法創造能讓頭腦順利思考的條件。

關於具體該怎麼做，我從各種角度思考，並撰寫了不少隨筆。
本書就是從我至今的著作中，
擷取與「靈活看待事物的啟示」相關的內容，而後集結而成的作品。
至於擷取部分的選定，
我決定和出版拙作《こうやって、考える。》時一樣，委由ＰＨＰ研究所的出版部協助處理。

因為我認為比起由作者我自己親選，由他人選擇才能做到「輕鬆思考」。

只要稍微改變平時的做法，人就能漸漸產生很大的變化。

書中看似新穎的內容，其實都和過去不斷流傳的智慧有異曲同工之妙。

希望這些啟示能多少為各位讀者帶來一點啟發。

二〇一九年七月

外山滋比古

輕鬆思考法　目錄

第二章 從常識中跳脫

第三章

放下未知

第四章

培養能孕育靈感的習慣

第五章 靈活運用日語

第六章
寫作也要圓滑

第七章 自在生活的訣竅

第一章

創造有餘裕的大腦

Think flexibly

拋棄腦中多餘的東西

愈是讀書，頭腦愈不靈光；知道得愈多，人就愈笨。
不管在腦袋裡塞多少多餘的垃圾，人都不會變聰明；
若想要變聰明，反而要學會捨棄腦中多餘的事物。

《思考力》

記下來後就忘掉

漫無目的地記錄，然後馬上忘卻並捨棄。
不要被紀錄侷限、不要追尋已逝去的東西，應將其遺忘。
這樣才能讓腦袋乾淨如白紙，不再執著。

《日本語の論理》

頭腦留白才更容易建立新事物

日本人喜歡佛教無常的觀點，因此腦袋裡時常吹著無常的風，
這使得日本人難以建立堅實的體系。
但換個角度想，
正因為是無法建起高樓大廈的空地，反而便於新事物立足。

《日本語の論理》

討厭的事要馬上忘記

壞事應該盡快遺忘。

若要做到這點，就該專注地去從事新事物。

問題不在於別人怎麼看，自己一直拘泥於失敗才是愚蠢的行為。

能馬上忘掉壞事也是一種才能，

但一般都會認為擅長記憶且不忘事是優秀人士的特質。

因此許多人沒意識到，是我們讓遺忘這項難得的才能失去上場的機會。

《傷のあるリンゴ》

找回童心並試著天馬行空地發揮想像力

雖然都叫思考，但當我們說「針對〇〇思考」或是「思考某件事」時，都屬於有目地性的思考。

相對地，不侷限於任何問題、完全自由動腦則屬於自由的思考，而這種方式有時反而能為我們帶來新發現、發明新事物。

孩子們之所以擁有天才般的想法，正是因為他們的腦袋沒有被知識填滿，非常適合自由思考。

《考えるとはどういうことか》

丟掉過剩的知識

人如果累積過多知識，恐怕會出現知識代謝症候群的症狀。
自古就宣揚「知識萬能」的思想，其實是刻意忽略了這件事。
我們必須捨棄過剩的知識。
知識雖然不是垃圾，但多到快滿出來的話，就與垃圾無異了。
是垃圾就必須丟棄，不需要感到可惜。

《考えるとはどういうことか》

腦袋裡本就滿是雜物

就算不讀書，人的腦袋裡本來就塞滿了許多亂七八糟的雜訊。
從書中獲取的知識只佔了一小部分，
其餘都是周圍人說的話、看到的景色，
或是來自電視、廣播、網路資訊等不太有用的東西。
只能說累積在我們腦子裡的東西真的是出乎意料地多。

《思考力》

單純記住並沒有用

記住與忘記是水火不容的關係。
珍惜記憶的人們理所當然地會認為忘記是件壞事。
然而記憶其實不太聰明，總是遺漏一件事：無助於遺忘的記憶是沒用的。
直到記憶巨匠——電腦的出現，
人們才終於漸漸意識到，機械式的記憶其實沒什麼了不起。
因為即使電腦擁有以一擋百的記憶力，
卻無法判斷是非，也不會選擇性遺忘或思考。

《人間的》

不要只是知道就滿足

記憶力能增加知識，但知識本身並不會衍生出新事物。

博學的人只滿足於擁有知識。

但若想要創造新事物，就必須藉由忘記，

對知識進行沖刷、切割、加工處理。

這便是所謂的創造。

《人間的》

記憶能養出秀才，忘卻能誕生天才

西脇順三郎先生的詩有這麼一句：

「猶如把寶箱打翻的早晨。」

他之所以創作此詩，是想說明要忘卻多餘的東西，將腦中整理得一塵不染，任由意想不到的思緒自由翱翔、碰撞出新結合後，才能創造出詩歌的新天地。

不要對已塞滿記憶的腦袋有所期待。

記憶能養出秀才，遺忘卻隱藏著誕生天才的可能性。

我創造了這個信條，並將其奉為圭臬。

《人間的》

再忙也要午睡

日本有句諺語：
「鄉下勤苦學，不如都市一午寐。」
意思是相較於在鄉下拚命學習的人，
在都市悠閒午睡的人更能做出一番大學問。

拚命讀書不是本事，再忙也要記得午睡。
如此一來，才能自然地梳理腦中思緒，
讓大腦思考更順暢，收獲更豐碩的成果。

《人間的》

離開書桌活動身體

如果一直埋首於書桌前不起來活動身體，老是學習、煞費苦心地累積知識的話，腦袋只會愈來愈不靈光。

《思考力》

忘記後又出現的記憶會逐漸加深

人無法一次就弄懂未知的事物。
未知事物是個謎團，就算進到腦中，也會忘記。
之後當相同的事物再次出現時，我們可能仍舊無法理解，於是再次遺忘。
然而，反覆循環之下，被遺忘的記憶會逐漸抵達中期記憶，
最終深化為長期記憶，變成一種無意識的存在。

《先忘後記人生整理術》

多忘記、多思考

資訊化的時代，如果腦中塞入太多知識，頭腦將陷入混亂。
睡眠中無法充分處理掉不需要的資訊，導致訊息滯留，
最終可能造成心智難以活躍、思考停滯不前。
現代的我們或多或少都面臨這樣的危機，
因此今後應該要多忘記、多思考。

《考えるとはどういうことか》

第二章

從常識中跳脫

Outside the box

常識代表停止思考

母語會在慣用模式中任意流動。
即使不做有意識的思考，也會反射性地做出反應，
而且還會產生是在自由思考的錯覺。
這就是所謂的常識性思考。

《日本語の論理》

名為知識的有色眼鏡

擁有半吊子的知識，就如同戴上有色眼鏡，所見所聞都會染上色彩。
當你讀了紅色的書，就等同戴上紅色眼鏡，
萬物將無一不是紅色，就連楊柳都敢斷言是紅的。
即使給你看了綠色的楊柳，你也會激動地反駁說那是「假的楊柳」。

這種情形通常不會發生在小學生身上，而是有名望的學者身上。
號稱為知識份子、不認為知識帶有顏色的思想家大有人在，
如此粗陋的知識社會實在令人引以為恥。

《人間的》

那聲音真的是多數人的意見嗎？

補習班總會廣告今年有幾名錄取○○大學、△△大學，有時還會細心地貼出錄取者的大頭照。

當人們看到時，便會覺得好像很厲害而想要入讀。

然而實際上落榜的人很多，只不過這個事實被掩藏了。

而且落榜的人也會覺得是自己能力不足，並不會怪罪於補習班。

不得不說，大多數情況下，大聲主張的都是例外的人們，也就是少數派。

如果沒有認清這點，我們就很容易誤信錯誤資訊。

《朝採りの思考》

當局者迷

近在咫尺的事物，反倒難以看清真相。
人們大多靠著臆測來觀察事物，這樣的情況可說是比比皆是。
然而，觀察不一定是靠得愈近就愈清晰。
因為人在認知時，從遠處能看清的事物，太近反而會變得模糊。

《第四人称》

距離產生美感

遠看是一座蓊鬱青山，近看卻發現只是佈滿紅土與碎石的禿山，這種事情不時發生，而這就是人類認知的型態。不假思索地接近從遠處看起來很美的事物，並非明智之舉。

《第四人称》

忙起來做事更有效率

如果工作很多，做事速度就會變快，最終將意外地發現還有多餘的時間；反之，若覺得還有時間，就會變得懈怠而做事拖拖拉拉，結果反而無法在時間內完成工作。

《傷のあるリンゴ》

切勿「自以為是」

文化發展命令著我們的認知去攀登比喻的梯子。
於是只有在遠離大地的地方，人們才開始思考事物，且不認為這有什麼不自然。
人們戴著比喻和抽象的眼鏡看待現實，因此看不到不稱心的現象，
同時還誤以為，只有看似合乎道理的事物才是事實。

《日本語の個性》

勿僅以知識判斷事物

當生活中的經驗不足時，人們傾向於用知識做判斷。這麼做雖然簡單明瞭，但人類社會並非萬事都能用知識解釋得通，有時甚至會引起麻煩。

《思考力》

試著接受失敗與挫折

我們不應過分依賴根據片面知識斷定的好東西，
也不該把壞的事物都拒之於門外，
而是接受自然而然發生的事。
如果不先培養接受失敗與挫折的免疫力，
我們將無法成長為能獨立思考的成年人。

《思考力》

勿受限於他人的評價

一旦成為人們眼中的「好孩子」，
即使犯了點錯，人們也會認為是不可能的並予以否定；
反之如果做了好事，人們則會覺得果不其然而更加讚賞。

不過，被視為優等生的孩子不可能永遠如此。
俗話說：「小時了了，大未必佳。」
可見從以前人們就有這樣的想法。

《朝採りの思考》

從外部審視的樂趣

事物分成包圍著它的直接世界，與被隔離在外的另一個世界，
因此事物的意義會隨著內部或外部的觀點變化而有所不同。
現實世界中看起來醜惡的事物，
若從其外部的另一個世界審視時，反倒會變成有趣的東西。

《第四人称》

名勝無可看之處

商業行為使觀光業蓬勃發展，然而這也導致我們很容易忘記旅行本來的樂趣。
緊湊的行程外加對旅行目的地的行前知識、介紹等，
當手裡握有愈多資訊，我們就離發現之旅愈遙遠，甚至因此感到失望。
雖說百聞不如一見，但事實是人們「不看」往往比「看過」有趣得多。

《第四人称》

同一句話有千百種意思

一句話不可能只和一種意思有著密不可分的關係，詞句的含意理所當然地會隨著使用者的立場和價值觀而改變。

《考えるとはどういうことか》

人們容易討厭新事物

日本有句諺語：「螃蟹會挖符合自己甲殼大小的洞。」
我們人也會選擇符合自己喜好的事物。
換句話說，人的選擇通常趨於保守。
新事物容易遭人討厭，即使它可能相當優異，
這也是為什麼故土容不下天才的原因。

《日本語の感覚》

評論家總是看走眼

新事物需要通過時間上的重重關卡，其真正的價值才能獲得認可。

批評當代的書評便是第一關。

然而，從歷史上來看，無論哪個時代、哪個國家，在第一關上就以失敗告終。

它讓不該通過的事物暢行無阻的同時，

對必須通過的事物各種刁難、百般阻撓。

《日本語の感覚》

以退為進

與敵人對峙時，一般會選擇攻擊對方；
反之，大肆讚揚對手、使對方難以施展拳腳，則是高級戰術。
這是外行人意想不到的做法。
痛擊敵人的弱點和要害是常識，但先捧後殺則是更高竿的攻擊手法。
遭到批評攻擊的一方，會為了對抗而產生敵意並反擊。
然而，出乎意料地遭到吹捧式的攻擊時，
人反而會不知該如何回擊，對抗心理也會受到壓制。
這可以說是一種削弱反擊利刃的心理戰術。

《老いの整理学》

休息太多反而有害健康

靜靜地待著什麼也不做，能量消耗就少；一旦開始耗能，人就會感到疲憊。
這是提醒人別過度運動的黃色警報。
然而，有不少人將其視為危險信號，
認為活動是壞事，什麼都不做才有益健康。
而且還懷有「工作就是辛苦，休息才輕鬆」的偏見，
甚至絲毫沒意識到這是偏見。

《老いの整理学》

流水不腐

死水容易腐敗，流水則總是生生不息，大自然的定律總是如此驚人。
當然，人類並不是水，卻擁有比水複雜的生命。
生命的大原則就是「動」，活著就是「有在動」。
所以當一切運動停止時，生物即迎來消亡，這就是大自然的真理。
人類也是如此。
我們之所以活著，就是因為有在活動；
如果我們停止活動，理所當然地就會失去活力。

《老いの整理学》

切忌拘謹

頭腦和身體最好都保持在平常狀態，切忌拘謹。
若拘謹行事，人多少都會變得鄭重其事、過分客氣。
拘謹的大腦無法像平時那般放鬆，也因此無法順利運轉。
思想將變得遲鈍又死板，平時沒什麼大不了的事，也會變得一竅不通。
我們在自己的房間、自己的書桌前，大腦才會將能力發揮至極致。

《ちょっとした勉強のコツ》

第三章

放下未知

Open-minded

放下未解之謎和疑問

若能暫時不管謎團和疑問並繼續過日子，
暗示其答案的狀況便會在日常生活中偶然顯現。
問題和提示之間彷彿有道高壓電流，
隨著閃光產生一連串電後，就會頓悟。

《讀書の方法》

不知道才能銘記於心

我回顧自己微不足道的讀書經歷後，
發現真正對我有影響的書籍，大多一開始都讀不太懂。
如果明白了，人便會感到安心，隨即將之拋諸腦後；
反之正因為不懂，人才會將其時刻放在心上、難以忘懷，
並在不斷反芻的同時，漸漸植入內心深處。

《ことばの教養》

曖昧的表現也不壞

社會必須在語言上達到一定成熟度後，
才能將曖昧視為一種邏輯，而非與之對立的概念。
若將明確表現的邏輯比喻為一條線，
那麼以曖昧表現的邏輯則是多條線，而且可將其所到之處看成點線狀的結構。

《日本語の論理》

不要對晦澀反感

語言本就不免帶有人味，
但在人們推崇文章易讀性的同時，也讓文章變得過於生活化，
導致語言難以跳脫經驗的框架。
而且，我們似乎對於這種生活化語言的弊端相當漠然。

《日本語の論理》

利用「時間的作用」

立即理解，時間便沒機會作用；
反之，當下弄不明白的事，人便會花時間思考，
而時間就是在此刻產生助力的。
一遍讀不懂的文章就多讀幾遍，時間就會悄悄發揮作用。
無論是未知的事物，還是想要搞懂的人，
都會隨時間一點點地變化，終將臨近領悟的那一刻。

《読書の方法》

知識會隨時間變成智慧

知識無時無刻都在變化和流動。
只在表面流動的知識猶如流水，
不斷變化的樣貌雖然吸引人，但終將消逝殆盡。
然而，當知識的涓流潛入地面，
耗時良久到達地下，並於地底形成地下水流後，
歷經三十年，當其變成泉水湧出地表時，就已經變成另一種事物了。

《思考力》

不只有語言是思考工具

思考的語言不只有普通語言。
更廣義地說，所有約略具有系統的符號都是語言。
從這個角度想，我們或許就能發現，
除了語言之外，還存在著許多類似於語言的東西。

《日本語の論理》

有些事物要大家一起鑽研才能發現

即使是難以理解的事物，只要大家共同鑽研，便能逐漸撥雲見日，過程可謂有種知的快感。

A、B、C三人各自闡述不同的見解，D則猶豫要支持其中一種理論，還是另外提出新見解——如此相互切磋之後，回想起來也非常有趣。

與此同時，每個人還能發現自己思考方式的特色乃至於習慣，搞不好連自己都會大吃一驚。

《日本の英語、英文学》

留下想像空間

孩子喜歡彩色電影；

但對於有鑑賞力的觀眾來說，黑白電影更具深度、更能感受到深刻韻味。

電視比報紙更貼近現實，卻容易流於淺顯。

讀報需要動用想像力、理解力和判斷力等諸多能力，

我們也因此能收獲有別於聲音、影像的知識趣味。

《第四人称》

偷聽、偷看帶來的能力

人們一般都認為偷聽、偷看是低俗的行為，
但其實當事人正以超乎想像的方式，調動著解讀力、理解力、判斷力等智力，
企圖理解他們獲得的資訊。
竭盡所能地堅持不懈，直到把所有不懂的事情都弄明白為止，
這就是人類的智力，且人類便是因此不斷進化的。

《第四人称》

忙裡偷讀才有趣

讀書的樂趣並非來源於消磨閒暇時的閱讀，
而是來自於百忙之中、工作堆積如山之際，把事情全都拋諸腦後，
悄悄地、帶有一絲罪惡感地偷讀，
你將隱約發現此時此刻的感官最為敏銳。

《ことばの教養》

偶然造訪的美妙之處

因為覺得好，就三番五次地造訪，
最初覺得有趣的事物可能因此變得平淡無奇，甚至令人厭倦。
旅行的價值彰顯在第一次不經意造訪的地方，
這是作為局外人去發現的樂趣。

《第四人称》

知識與經驗的用武之地

獲取新知——

這件事說來簡單，實則相當困難。

面對未知事物，我們都該先做好弄不明白的覺悟，因為沒有東西能成為線索。

什麼是線索？

線索就是已知事物。

人對於語言的理解，是建立在至今積累的知識和經驗上，

我們應該把這點時刻牢記在腦中。

《讀書の方法》

閱讀未知和閱讀已知的差異

讀學校的教科書，就是不斷地在閱讀未知。
過程猶如攀岩，踩空一步就有可能跌落，
於是我們會感到既痛苦又緊張，一刻也不得喘息。
然而閱讀已知事物，則像騎著腳踏車下坡般輕鬆，
不用踩踏板也能輕快前進。
雖然都是閱讀，感覺卻如此截然不同。

《読書の方法》

教科書是閱讀未知的訓練讀物

無論多麼辛苦，教育中都無法避免閱讀未知的訓練。
課程用的教科書不可能有趣，因此學生們拿起教科書時，心情總是無比沉重。
不過，這就好比氣喘吁吁地攀登一座險峻的山，
登頂時便能嚐到妙不可言的成就感，在山頂眺望的景緻更是勘稱世外桃源。
攀登的路程有多艱險，登頂的喜悅就有多巨大。

《讀書の方法》

恍然大悟的過程有時很緩慢

我把寺田寅彥的作品讀了好幾遍，
腦中大致有概念後，又過了兩、三年才漸漸明白他的想法。
日本有句諺語：「鱗片從眼睛上掉下來。」用以形容豁然開朗的心境。
然而，領悟不只會像鱗片突然掉落般來得很快，
有時會是一點點地慢慢剝離，當發現時已經脫落了。
與寅彥的邂逅，讓我經歷了這種需要花時間的領悟。

《読書の方法》

新思考也算是未知世界

未知世界不一定只指事物、地點或知識。
新思考不也是個多采多姿的未知世界嗎？

《讀書の方法》

學外語能改變頭腦思路

一位外國的理論物理學者學習日語，目的並不在於實用，而是希望透過學習在思想表達方式上與歐語不同的語言，來激發新的思考。

即使是描述同一件事，若以不同形狀的符號和順序來排列，腦袋便能產生新思路，抵達不同的新天地。

《日本語の論理》

要完全理解是不可能的

外語就像暗號，而學習外語就如同解讀暗號。
辭典則相當於解讀暗號的密碼本。
換句話說，我們必須接受一件事——
學習外語時，當然會有不明白的地方，因此要有不可能完全理解的覺悟。
而透過持續不斷地進行這樣的解密作業，
我們將逐漸熟悉暗號的形式和結構，並進一步察覺傳訊者的意圖。

《日本語の論理》

日語是「無限可能」主義

從一元論的角度出發，多元論看似不明所以。
然而，日語正是在多元論文化中發展起來的語言，
沒有一元論清晰的一貫性和對比原理。
換言之，日語並非「非此即彼」，而是「無限可能」主義。

《日本語の論理》

建議多元理解

一元論雖然邏輯清晰，卻只能解決同一平面上的問題，
原因就在於其摒棄了所有與之矛盾的次元。
相對地，多元論則能追求立體的邏輯思考。
一元論難以闡明藝術或生命現象；
多元論則能深入到情感上較為複雜的、皺褶之間。

《日本語の論理》

筆直的道路很無趣

多元論中，貫徹始終的主張容易讓人感到無聊與單調。
據說駕駛人行駛在一條筆直的道路上反而更容易出錯，
最好還是要適當地有些彎道變化。

《日本語の論理》

組合意想不到的事物

對於能將乍看矛盾的事物加以調和的多元論來說，「拼組」是不可或缺的方法。

然而，拼組並不是把同種或看起來合理的事物集結在一塊——

那麼做只會讓人感到既平庸又乏味。

將不同範疇的東西加以結合，碰撞出意外的趣味，這才是所謂的「拼組」。

日本諺語中的「牡丹配唐獅子、竹子配猛虎」即是一例，

表達藉由拼組的感覺所衍生出的豐富繪畫世界。

換句話說，拼組是把重點放在跨越矛盾的和諧背後的理論上。

《日本語の論理》

以點描畫般的方式表現

就像利用點描畫技法讓每個色點彼此保持適當距離般，
當我們把優美的詞句排列得具有對比性，又距離得有些靠近時，
便能迸發出分別單獨呈現時所沒有的嶄新風情，
有時甚至能感受到每個詞語本身沒有的光輝。
即使用詞意指大自然中沒有情感的事物，
在與前後對比的詞彙相互作用下，也能營造出獨特的抒情效果。

《俳句的》

品味不瞭解的趣味

若稍加研究外國文學等作品，便會發現正因為不理解才顯得有趣。
比起以平面思考就能讀懂的日本小說，讀不懂的外國作品反而更有趣味。
因為我們能從第四人稱的立場給出自己的解釋。
換言之，讀者能在閱讀的過程中充分展現自我。
而認知到這點，即是所謂的球面思考。

《考えるとはどういうことか》

第四章

培養能孕育靈感的習慣

Inspiration

添油加醋更有趣

局內人的陳述或許具備正確性，但大多缺乏「故事性」。
比起局內人——當事者的話語或紀錄，
由第三者——局外人加工後的故事往往更有趣。
因此隨著時間推移，當事者的說法會被遺忘，
傳達其內容的第三者的表述反而能留下來。

《「マコトよりウソ」の法則》

遭逢不幸正是閱讀的時機

讀者似乎多少要處於孤獨中，才能順利與書本建立良好關係。
當心靈某處感覺匱乏之時，人與書便能產生密切的交流。
譬如在病床讀書往往收穫甚豐，而這件事絕非偶然。
極其頑固之人在遭逢些許不幸時，
心就會變得柔軟，也因此更容易接納他人的想法。

《ことばの教養》

把點連成線來看

無論是誰都具備把點連成線來看的能力。
於是在能理解點狀邏輯之處，
線狀邏輯的狹隘往往被認為是庸俗的表現而不受待見。
人們喜歡盡可能地省略——
意即留有充分的解釋空間，因為這樣的詞句既有內涵又充滿趣味。
而將點連成線的過程，或許正牽涉到語言上的創造。

《日本語の論理》

見樹亦要見林

文學研究中亦同，細節的考證與推敲固然精確，但無論從哪個方向——意即觀點出發，仍舊顯得非常含糊。不可否認，正確地理解一字一句是一切的基礎，然而為了確實掌握細節，我們必須先有觀察全貌的方法，就算不具實際的理論，也應該於無意識中執行。

《俳句的》

假以他人之手

刪改和推敲是讓表現手法更客觀的加工方式。
剛誕生的作品或許還生氣蓬勃，可一旦遭遇寒風，就可能萎靡、凋謝，
若沒有適當地替它加上衣物，表現的生命就無法長久。
不過，推敲之所以不像刪改那般有效，
是因為與對象的距離太近，容易導致人變得遷就。

《俳句的》

退而觀之

無季節性詩句的時態是現在式，
這麼做能將滿溢的情緒一口氣宣洩而出，卻難以表達出更深刻的感動。
真的悲傷果然要變成「退而觀之」的情緒，才能達到普遍共鳴。
而退而觀之的距離，即類似所謂「在寂靜中回想起來」的時間流逝感。

《俳句的》

漫無目的去旅行

若你總是生活在同一個地方、對其他國家一無所知，
不但會變得見識短淺，就連心靈也會隨之乾涸。
漫無目的地旅行固然是一件不自然的事，
但不可否認地，這種不切實際的行為有助於陶冶精神。

《日本語の論理》

比較之下才能看清

旅行者往往對於未知土地有精闢的觀察與發現。
因為旅行者的眼睛不受蒙蔽，
而且與當地人不同，能與其他事物進行比較。

《日本語の論理》

趣事總難忘

趣事比真相擁有更強大的生命力。
真相終將被遺忘，而且人還會忘得飛快；
相反地，趣事則很難被人忘記，
即使忘也忘得很慢，因此更容易成為歷史的核心。

《「マコトよりウソ」の法則》

不將浪費視為眼中釘

藝術是從浪費之中誕生的奢侈花朵。
正因為有不能浪費的想法，
道德或政治才動不動就介入干涉，使問題變得更加複雜。
我們應該重新審視——浪費其實也是一種文化。

《日本語の個性》

勿輕率地認為「說謊就是壞事」

語言必須要會說謊。

道德家或許會義憤填膺地認為說謊絕對是件壞事，但我們不能就此妄下定論。

如果是造成他人困擾、具反社會性的謊言當然不好。

可是，若只因有這樣惡意的謊言，就否定語言本身的虛構性，那可就糟了。

《読書の方法》

文學是謊言的結晶

整個人類的文化可以說是個美麗的謊言。
更狹義地說，文學小說就是美麗謊言本身。
文藝自古以來就遭社會批判為是違反道德良俗之物，
而這樣的歷史軌跡似乎也恰恰暗示了，
語言藝術和所謂惱人的謊言有著相同的根源。

《読書の方法》

來場讀字典之旅

閱讀字典會帶來如同踏上旅途般的樂趣，前方總有意想不到的驚喜在等著我們。
有些嚴謹的人甚至會將有所感觸的事物記在字典襯頁等處，以便之後回憶，
這就好比從旅途歸來後，仔細記錄這趟旅程。
不過有時放輕鬆點，忘就讓它忘了也不錯。
我想喜歡旅行的人一定也會愛上閱讀字典。

《ことばの教養》

字典中滿是金銀財寶

實用派的人認為字典就是本參考書，
他們在字典中只會和不知道的詞彙打交道，自然不會對其感到親近。
然而，每個字典都有收錄日常生活中的常用詞彙，而且附有詳盡說明，
實用派的人卻不會去看這些地方。
如此珍貴的寶藏就這樣沉睡，實在很可惜。

《ことばの教養》

閒聊是發明的種子

即便只是與志同道合的人們聚在一起喝杯茶閒聊，
若過程中真的有動腦談話，就能得到意料之外的新點子。
科學史、思想史上都不乏有這樣的例子。
發現、發明的契機，往往出現在言談之間。
換句話說，閒聊在學問思想中意外地能發揮重大作用。

《日本語の感覚》

反之亦為真

若「人間處處有溫情」為真，
那麼遺憾地「防人之心不可無」也是真理。
乍看之下兩者相互矛盾，
若只支持一方而摒棄另一方，遭摒棄者的正當性就會站不住腳。
只有當兩者皆是時，彼此才能各自成立。

《俳句的》

刻意偏離主體

日本有句諺語：「夜裡、遠處、斗笠下。」
意指朦朧不清、有距離感的事物，能誕生美感與趣味。
緊挨主體就無法產生美感；與主體保持距離才是興味所在
人的感官就是如此地出人意料。

《第四人称》

時而成為局外人

局外人不該模仿局內人的行為，
而是應該去發現只有在該位置上才能完成的工作。

《日本語の論理》

閱讀的真正用處

若知之為知之、不知為不知，閱讀將變成相當可悲的作業。
讀書之所以在人格發展中至關重要，
正是因為能讓未知事物變成我們自己的一部分。

《読書の方法》

圖像思考和語言思考

若稍微以不同角度思考圖像和語言的差異，
或許可以說，相較之下圖像具有女性特質、語言具有男性特質。
實際上，不僅語言，印刷讀物中也鮮明地保有以男性為中心的文化，
尤其日本的活字文化推動者正是男性。
而思想和理論又是透過語言，才能有最完整的表達。
相對於此，圖像則更加生活化、富有感性，同時還具有無邏輯這項特色。

《日本語の論理》

預料之外的發現

我想任誰都有過這樣的經驗：

雖然沒能找到正在找尋的東西，卻發現預料之外、意想不到的物品。

其實不只物品，當我們用頭腦思考時，也會發生類似的情形。

明明正在為難以解決的問題苦思冥想，

卻在過程中發現了完全出乎意料的事。

《ちょっとした勉強のコツ》

第五章
靈活運用日語

Japanese

日語就像豆腐

日語易於切割分段，但反過來說，其堆砌詞彙的建築工法就不太發達，
這就是所謂的「人無完人，事無完美」吧！
歐洲語系難以分割，卻能讓一個段落就是一個穩固單位，
型態好比磚瓦，只要加以堆疊，就能組合出無數個更長的表述；
日語則像豆腐，形似磚瓦，實則截然不同。
只要緊密地堆疊磚瓦，無論多高的建築都能完成；
若是堆疊三四塊豆腐，就會分崩離析，
因此只能讓它們各自獨立，別無他法。

《日本語の個性》

言外之意

日語中不只段落，就連句子的句尾都很模糊，
常常話說到一半就移往下一句，而接下來的句首也是模糊不清。
於似乎，無論開頭還是結尾，表現都顯得十分曖昧。
可即便如此，還是能表達出含意，這就是日語不可思議的修辭學。
當這樣的修辭技巧被運用到極致時，俳句便應運而生。

《日本語の個性》

掩飾尷尬的「I Think……」

日本人在和外國人對話時，第二句絕對會冒出：「I Think……」

單就字面意思來看，也許會讓人誤以為日本人是很愛思考的民族，實則不然。

這句話其實與思考無關，

只是日本人把日語中用來避免斷定、讓話語更圓滑的「我推斷」直接翻成英文。

換言之，這是日本人為了掩飾尷尬的措辭。

《日本語の論理》

「想」而不「思」的日本人

日本人這個民族反而較不擅長「I Think……」這種心理活動。

可以說是「想」而不「思」的人類。

《日本語の論理》

好管閒事惹人厭

老是把「我覺得」、「我認為」掛在嘴邊的好管閒事之人，
會被人們視為挑起不必要爭端的人物而遭到迴避，
這正是為什麼日語不太使用第一人稱的原因吧！

《考えるとはどういうことか》

日本人不在乎表達方式

我認為像日本人這樣重視話語的民族不在少數，
但對話語的「口吻」如此遲鈍的社會卻十分罕見。
我們會在意一句話的含意，並熱衷於探究其背後的思想，
卻對於其表達方式興致缺缺。
換句話說，我們不關心話語的風格（樣式）。

《日本語の感覚》

邏輯會隨語言改變

語言和邏輯的關係非常緊密。

當語言改變，邏輯也會改變；當邏輯改變，語言也會隨之變化。

兩者的關係密不可分。

舉例來說，關東和關西都在日本，

但由於地域性方言差異，邏輯也有所不同。

《考えるとはどういうことか》

勿強行合乎邏輯

我們所認為的邏輯，
或許只是適用於歐洲語系及其句法表現的特殊邏輯，
因此自然無法完全用日語表達。
若強行翻譯，不僅日語變得不成日語，
就連原文的邏輯也會變得毫無章法。

《日本語の論理》

思考的單位多種多樣

日本人在用語言梳理思緒時，是以什麼為單位呢？

想要馬上得到這個問題的答案並不容易，

因為大部分的人對此都沒有清楚的意識。

我想許多人感覺是以句子為單位，或認為是以單字或詞組為單位。

然而，歐洲人在書寫脈絡清晰的文章時，無一例外都是以段落為單位，

這與我們日本人形成了鮮明的對比。

《日本語の論理》

不是集結而是應巧妙分散

「俳句」是日本特殊的詩歌格式，
其中有個結構叫「切字」，用來斷開、分散詞句，
是一種並非用於集中，而是擴散的技法。
在圍棋中，我們也能看到類似的技巧，
生手會使棋子過分集中，高手則會巧妙地分散棋子。
這些現象隱含了日本文化中的點狀結構。

《日本語の感覚》

留給讀者思考空間

我們可以將「古池蛙躍濺水聲」這首俳句大師松尾芭蕉的名句，看成是由古池、蛙躍、濺水聲這三點構成。

其與「青蛙跳入古池後濺起水聲」這句話在基礎邏輯上並不相同，是在古池、蛙躍、濺水聲各為一點的前提下營造的世界。

當讀者在腦中串連起這些點時，便能產生詩詞中沒寫出來的意境，這便是此一手法的機制。

《考えるとはどういうことか》

為讀者多方設想

相較於外語用敘述、傳達、表現的詞語來表達，日語較常使用透露、暗示、旁敲側擊的詞彙。因為作者預想採用這種暗示手法，能為觀者帶來強烈的聯想效果，於是便先抑制了表達的慾望，好讓其能間接地、溫柔地觸碰到對方。

《日本語の論理》

自由聯想

和日本一樣擁有島國型文化的社會中，
每個詞語的聯想領域都會不斷擴大。
即使同樣是單字，
一個成熟的詞語就能產生出許多語義或衍生詞，
於辭典中記載的篇幅也很大；
新生詞或術語則相對無成熟的用法，再加上有明確的語義，
也因此較缺乏聯想空間。

《日本語の論理》

模糊「我」的心理

日本人在面對「我」這個字時，會感到羞恥且總想別開視線。
因此對我們而言，敢於說出「我思故我在」的語言文化很令人陌生。
日本人的思想不是在名為「我想」的大地上紮根，
而是不知為何地立足於「我們想」，
抑或是「他想」、「他們想」的觀點之上。
我們無須探討此觀點是否稱得上客觀，
因為沒有穩固人格特質的觀點，是不可能產生客觀性的。

《日本語の感覚》

我們的耳朵總是左耳進右耳出

我們的耳朵似乎被設計成無法匯聚邏輯的結構，
就算聽了條理分明的一段話，之後也完全不會留下任何印象。
於是我們只會憑藉對整體的感覺，把問題放在這段話是否有趣上。
人的聽覺就像竹簍，無論注入多少水也留不住，
然而我們大多沒意識到這個事實。
話雖如此，把錯全都怪罪在耳朵也太可憐了。

《日本語の感覚》

應先以耳朵教育為重

日本人至今為止的大腦，都是視覺性語言能力較發達，
可想而知，我們的大腦較欠缺透過聽覺性語言能力磨練出的思考能力。
如果說我們的思考有什麼不及歐美人的地方，
原因一定是出在我們缺乏聽覺性語言能力。
但這樣的耳朵教育，不僅學校不會教，
父母更是根本不知道有耳朵教育這回事，情況相當棘手。
有句話叫「先聞後見」，意即先用耳朵、再來才是眼睛。
忽視這點是非常嚴重的事。

《朝採りの思考》

重視聽的理解力

一個人頭腦好不好，取決於記憶。
而記憶又能分為視覺記憶和聽覺記憶。
日本迄今為止的教育較偏重於視覺記憶。
即使聽的理解力不好，也能成為優等生。
人們對大量的文字、書本無比熱情，
但對聽到的話卻當成馬耳東風、充耳不聞。

《朝採りの思考》

察覺日本特有的價值

無法向世界展現自己文化的國家，將被國際化的浪潮推擠、埋沒。
日本除了曖昧的美學之外，還有許多其他國家所沒有的文化。
若要自信地把這些文化發揚光大，我們必須自己先發現它們的價值。

《考えるとはどういうことか》

勿將自卑情結歸咎於語言

「日語沒有邏輯」這種說法，
是把無邏輯性的責任全推給語言，
同時將使用這個語言的人們束之高閣。
日語沒有西方語言所具備的邏輯，
是因為日本人有著與歐洲人不同的邏輯性。
若不去考究這點，就說日語沒有邏輯的話，未免過於武斷。

《日本語の論理》

從人情世故出發的思考

日本人思考的開展傾向於探討人生，
因此自然帶有情緒性，思考者的情感會轉移到思考模式和內容上。
人們拓展思考的基礎並非質地堅硬的物體，而是類似於海綿。
在這樣的基礎之上思考時，思想就會迅速且大範圍地滲透、擴散。
人們會意識到這是種情緒、共鳴、感觸、感動等，
因而被稱為情感投射式思考。
這是日本人特有的思考方式。

《日本語の論理》

以獨白、感嘆拋出思想

不以對話來推進思考，
而是以獨白、感嘆的表現拋出最終型態的思想，
這就是日本表達思想的方式。

《日本語の論理》

日本人擅長小而雅的表現

日本人表達思想的方式符合格言形式，
然而這種表現欠缺延展性，無法拓展出結構穩固的思想。
此外，也缺乏將思考的單元與單元加以結合的黏著性。
簡而言之，就是難以誕生宏大的思想，卻善於運用小而雅的表現。
堆疊磚瓦能建起無數高樓；
但無論收集再多庭園中散落的碎石，也造不出大型建築。

《日本語の論理》

源於細膩敏感的可怕之處

日本人使用語言的同時，又容易展現出拒絕傳達的態度。因為日本人很敏感，容易因他人的幾句話而受傷，甚至關在自己的殼裡內耗。沒得到抒發的表達能量將不斷鬱積，導致情緒鬱結於心。最終，當能量無法抑制時，便會爆發。

《日本語の論理》

刻意切斷詞句的脈絡

俳句中有種措辭叫「切字」，
用以突然斷開詞句脈絡，注重表達上的斷面美。
日語很擅長這種截斷修辭，
例如：突然結束一個段落並移往新段落，
也算是種帶有切字性質的技巧。

《日本語の個性》

用言語估量關係的親疏

女性講話一般比較溫和，會透過語言巧妙地調整心理上的距離。
當然，男性也絕非對此毫不關心，
不過可以說日語整體上是具有女性特質的語言。
人們在乎的不是說話內容，
更傾向於關注與對方保持這樣的關係距離是否恰當。
換言之，日本人更重視講話的氛圍和情緒。
因此可看出，語言正不斷往更洗鍊的方向發展，
以及我常說的日語在邏輯上的弱點。

《日本語の個性》

瞭解自己與他人的思考模式

人如果不瞭解對方是以什麼形式思考、表達，
就不曉得自己有怎樣的形式與思考模式，
而單純只是在練習會話，
這將是多麼滑稽的一件事。

《日本語の論理》

與人的情感保持距離

我認為日本人的思考模式，
可以考慮從過去的情感投射型，過渡到另外的抽象型。
如此一來，便能進行脫離人類框架的純粹思考。
因為只要是在人類框架下思考，就不可能產生所謂的邏輯性。

《日本語の論理》

第六章

寫作也要圓滑

Output

曖昧的文章比較有趣

跌宕起伏的表達更能引起讀者的興趣，
即使邏輯有些跳躍，但我認為還是應該營造出跳躍的空白。
用賞心悅目的辭藻堆砌而成的優美名篇，
將顯得平面又膚淺，容易流於庸俗；
相反地，能讓讀者感到好奇的曖昧文章，
則富有多元的刺激，讀起來趣味十足。
這樣的散文在藝術性這點上，與詩詞並無二致。

《考えるとはどういうことか》

重要的事要小聲呢喃

請務必謹記，傳達思想時應更加低聲細語。
事物的重要性與輸出聲音的大小並不成正比。
不如說，真正重要的事情，反而唯有小聲呢喃才能順利傳達。
表達思想時，若總是像個孩子般興奮地大呼小叫，
將難以獲得人們的認同、深入人心。

《日本語の感覚》

為寫而讀

有人為了寫作，會先從單詞造句，再從句子寫到章節，
但這樣的寫作練習並不是個好方法。
為了寫作，我們必須先閱讀。
並非閱讀各式各樣的新事物，而是就著特定事物反覆閱讀。

《日本語の論理》

首先要預想讀者是誰

寫作之初，不要想該如何造句，
而是應該先閱讀，以培養寫作風格。
這麼一來，你便能自然地產生感覺，
知道「以什麼手法、用多長的篇幅、
寫什麼主題、以誰為目標讀者」來撰寫。
最重要的是，不要忘記與讀者間的關係，
要把「寫給誰讀」這件事時刻牢記於心。

《日本語の論理》

具備掌握精髓的精神

只有在寫重要地方時，要盡可能條理分明、留意相互關係。
這就是寫作的技巧。
只要掌握這點，姑且不論是否能寫出優秀篇章，
至少一定愈來愈能以文章闡述自己的想法。

《日本語の論理》

思索文章構成時的順序

關於掌握文章感覺的順序，
首先應從規模最大的段落開始，再來是句子，最後才是單字。
單字的意思必須在更大單位的文章脈絡中才能被定義，
由此可知，以「單字↓句子↓段落」的順序來構思文章並不現實。

《日本語の論理》

具備標準的文體

若是將自己的想法傳達給一般讀者的實用性文章，
就必須儘早具備標準的文體。
為此，最好是一篇好似你讀了無數遍、已能倒背如流的文章。
而且不要有太多的修飾技巧，
平鋪直敘地寫下確實的觀察或想法就好。

《日本語の論理》

標題應別出心裁

將直白傳達內容形容為同調的話，迂迴就是不同調。
想要追求藝術效果時，通常會先取一個不同調的標題。

《日本語の論理》

關於說服他人

溫柔、有禮又理性地陳述反對意見，
同時要說服對方和自己，
不僅需要說話技巧，更是關乎全人類能力的藝術。
我們應該更關注從這個角度出發的修辭學。

《日本語の論理》

刻意錯開「聽」與「看」

視覺與聽覺的刺激若有些許時間差，
便能促進各自獨立的認知功能。
如此一來，對方不僅能更好地掌握內容，
還能收獲相輔相成的效果而備受感動。

《日本語の論理》

無須思考的文章氾濫

似乎很少有時代像現代如此偏好簡單易懂的文章，
現代人總是希望作者在內容中添加事例並具體描寫。
而作者在聽到「如果不這麼寫，就無法被讀者接受」時，
也只能無條件地照做了。
然而，這麼做可謂是企圖在文章表現上實現民主主義。
或許是件好事，但這世上無論如何都很難有事情能盡善盡美。

《日本語の論理》

每天寫作

想在寫作這道料理上取得進步，就不能偷懶。
每天都要練習烹煮，也就是每天都要寫作。
在這勤勤懇懇的過程中，自然會孕育出唯有你才能寫出的味道與風格。
只要每天都寫，就能獲得一定程度的成長。
假如做到這樣仍沒有進步，那麼肯定是神明已拋棄你，可以坦然放棄了。

《ことばの教養》

寫完後用耳朵讀

出聲唸出寫好的原稿，能發現許多疏漏。
盯著稿紙書寫時，可能注意不到反覆使用同樣的詞彙，但唸出來後，馬上就能察覺。
此外，這麼做還能讓我們重新感受用耳朵讀的重要性。

《日本の文章》

寫出有骨幹的文章

明快的文章與單純只是好懂的文章有些不同。
日本在戰後持續倡導寫作要通俗易懂，文章卻沒有因此變得簡單明瞭。
文字表面看上去平易近人，實則架構東倒西歪、不知所云，
這樣的文章反而與日俱增。
明快的文章必須有骨幹、內容合理。
換句話說，邏輯清晰又簡明易懂，才是所謂明快的文章。

《日本の文章》

水清無魚

關於如何將渾濁的事物弄清澈一事，先不論把泥水變清水，
其實想在文章中做到這點並非難事。
刪去冗言贅字、盡量精簡地說明想說的事，就能寫出一篇「好文章」。
不過，讓文章這麼赤裸實在不體面。
若不適當地添點衣物，文章就沒了意思。
這時該如何巧妙地攪渾清水，就需要高明的技巧了。

《日本の文章》

帶入文言文的韻律感

寫短文時，可以參考文言文的韻律感。

近年來，社會已與文言文漸行漸遠，

也因此有人認為自從文言文式微後，日本人寫的東西就沒了骨感。

每天反覆閱讀感興趣的文言文，或許是提升寫作能力的最短捷徑。

《日本の文章》

結束比開頭更重要

不是說開始不重要，但結束才是最大的重點。

文末不僅對一段完整的故事有很大的影響力，在短文作品中也是如此。

不僅如此，句尾會決定日語的語氣，有趣的故事就要有有趣的句尾。

在句尾後安排適當的停頓，也是讓一席話更引人入勝的訣竅。

《日本語の個性》

口語不能用來閱讀

假如是文言一致的現代，
將口語原封不動地打印出來當成一篇文章閱讀，
就是一件理所當然的事，根本無須大驚小怪。
但是，我只能說如果有這種想法，一定是個不曾為言語表達苦惱的人。
將口語直接變成文章，
至少在日本會是個大問題，簡直就是天方夜譚。

《日本語の感覚》

話要聽到最後

如果你是重視言論的人，
當對方的意見與你的想法相左時，你也必須有肚量地靜靜聽到最後。
滔滔不絕地只說自認為對的事、打從一開始就不願聽別人說話——
若這類人聚在一起，思想自由恐怕只會像在建造巴別塔，永遠不可能實現。

《日本語の感覚》

敬語是保護彼此的保險桿

說話和傳訊息肩負著不同的任務。
具體而言，人會用說話來探查和對方在心理距離上的親疏。
自古以來，人類社會的人際關係就是朝著愈來愈複雜的方向發展，
一不小心隨時都有可能發生衝突，
因此我們必須時刻留意說話時的「行車距離」。
當距離近得危險時，
為了避免雙方碰撞受傷，我們必須先準備好保險桿。
而日語中的敬語，即是所謂的保險桿。

《日本語の感覚》

用「心」讀詩

短詩型文學不能像讀散文那樣閱讀。
其實，「讀」這個行為本身就與詩歌不符。
詩應該是要朗誦、朗讀，
藉由將文字化為聲音，讓聲響去撼動意識深處的幽暗角落。
也就是說，詩得用心閱讀，
必須讓文字在舌尖上百轉千迴後，用心去感受其自然而然產生的事物。
讀詩必須是如此。

《俳句的》

不要直接顯露感情

無論多麼悲傷，
如果在十七音的字面上顯露出哀愁，就失去屬於俳句的特色了。
表面上絲毫不見悲傷或與之類似的字眼，
乍看之下好像正遊於花鳥風月之中，
空間裡卻處處流露出哀愁之情，
這才是所謂俳句的抒情方式。

《俳句的》

不自由到不可思議的語言

試著想一想，還真沒有像語言這麼不可思議的事物。

明明如此受限，卻能表達出其他手段難以表現者。

《俳句的》

撒豆腐般的表現手法

豆腐不能疊高，只能將其切碎後撒入湯汁裡。
人之所以覺得豆腐四散的模樣很美，是因為我們具備這樣的感受性。
當你心中有想表達的主題時，
不要用語言對其集中進攻或鞏固，
而是應該將其撒入花鳥風月等客觀事物中。
這是種將主觀分散到客觀中的手法。

《俳句的》

替詞句修枝剪葉

如果任由枝幹隨意生長，本來要開的花將無法綻放，
這正是枝葉必須修剪的原因。
修剪過後的地方會冒出新的枝枒。
同樣地，當我們截斷詞句的枝幹後，也會冒出聯想的新芽。
如此一來，表達便能具備立體的多元性，其生命力也會更強韌。

《俳句的》

想要傳達就不能多話

曖昧的表現不會耗費大量文字仔細贅述。
然而，若沒有呼應的精簡關係，曖昧的表現就無法成立。
當社會上充斥著不詳細解釋就無法理解意思的庸俗人士時，
人們便會追求嚴謹的邏輯性。
於是不得不和他國人士交流的大陸諸國，自然就會形成這樣的語言文化。
反之，在習慣以心領神會的方式交流的社會裡，人們則不太喜歡瑣碎的表達，
甚至會認為把顯而易見的事情說出口，是很失禮的行為，
因為這代表你不相信對方的理解能力。

《考えるとはどういうことか》

學習外語的意外好處

關於學外語這件事，

我不否定有人是為了和外國人溝通，

或是基於想理解、引進國外的思想、文化、藝術等實用性目的。

不過除此之外，我認為我們應該重視其本身為外語所具備的功能。

如此一來，在唯有用外語才能進行的新型思考上，就能發揮很大的作用。

《日本語の論理》

第七章

自在生活的訣竅

Live my life

以長遠的目光看待人生

即使沒有好的開始，我們也無須悲觀。
人生就好比一場馬拉松。
無論起跑多麼順利，如果沒有實力，遲早會慢下來。
當臨近轉折點時，實力終將證明一切。
可以說，贏在起跑點的說法並不正確。

《傷のあるリンゴ》

失敗才是幸運女神

那些不得不面對考試落榜、必須轉換跑道的人，
在苦戰惡鬥、傷痕累累下跑出的人生馬拉松，都將於終點迎來豐碩的成果。
很少有人認為失敗是幸運女神的化身，我對此感到不可思議。
因為世上不只蘋果有傷痕才甜美。
我們更該害怕人生缺乏不幸、失敗的經歷。
這是受傷後變得更美味的蘋果帶給我們的寶貴教訓。

《傷のあるリンゴ》

慢中求快

我們不該一直唸著工作、工作，然後永無止境地不停忙碌。
話雖如此，遊手好閒地一直玩耍更要不得。
兩者必須巧妙配合，產生節奏感，才能創造理想的生活模式。
減弱「慢」的部分，同時增強「快」的部分，
慢中求快就能產生節奏輕重。

《老いの整理学》

痛苦的經驗能培養判斷力

累積苦難與危險等負面經驗，能鍛鍊一個人的判斷力。
面臨生死緊要關頭時，任誰都會拚命地想下一步該怎麼做吧？
相反地，若生活在安逸的環境下，人就不會動腦判斷了。

《考えるとはどういうことか》

像風一樣閱讀

「書讀百遍」等說法是建議人們反覆閱讀同一本書，
但我認為這種做法並不可取。
畢竟人生短暫，我們實在沒時間把一本不怎麼樣的書讀好幾遍。
「像風一樣閱讀，就能讀完許多書。」
這其中或許還藏有與自己波長契合的事物。
即使閱讀時像風一樣輕輕拂過，
一旦邂逅與自己頻率契合的訊息，便能與之產生共鳴。
透過這樣的讀書方式，人才能不斷蛻變、進步。

《老いの整理学》

讀書能使人變身

當我們遭逢挫折時，才會開始閱讀。

因此當世界充滿趣味時，人們就很少認真地閱讀了。

對讀者而言，閱讀印刷讀物就彷彿戴上新面具，是一種變身的過程。

《日本語の感覚》

建議與世無爭

在偏好古樸作風的人們看來，主張自我是件很匪夷所思的事情。
老是將「我覺得」、「我認為」掛在嘴邊、自我中心的人並不值得稱許。
將自我壓抑到極致，卻還能曖曖內含光的話，才是有真本事，不是嗎？
我是這麼想的。
總而言之，愈是與世無爭的人，對塵世的影響就愈大。

《俳句的》

忍住想炫耀的心情

大部分的人都知道散布八卦是很不道德的事。
然而，如果說的是自己的成就，
人們就容易因為講得太開心，而無意間變得輕率，
無論對象是誰都想吹噓一番，結果導致意料之外的傷害。
如果能忍住想炫耀的心情，
這股能量將不知不覺間充實精神，進而產生挑戰新事物的動力。
當你能留意到這種心理機制，世界將變得有所不同。

《傷のあるリンゴ》

不應總是和志同道合的人待一起

相似的東西之間無法對彼此產生影響，
距離極近的事物也難以給予對方強大的力量。
在數十公尺的地方扔擲石頭能將人打倒，
但在人前扔擲石頭，充其量也只能打出顆腫包。

《日本語の感覚》

從章魚罐裡出來和魚群交流

章魚罐裡很舒適，但待久了會漸漸把罐裡的世界當成全宇宙，沒什麼大不了的小事也想成天要塌下來一樣，腦袋因此不斷退化。

我們必須從章魚罐裡出來，重視和魚群的交流，而不是一直把自己關在象牙塔裡。

然而，優秀的人大多不會這麼想，因而誤了一生。

《朝採りの思考》

在知識中加入經驗的種子

創造性思考並非無中生有。
發想新事物時，我們必須有一些種子。
知識當然也能作為種子，
不過這是許多人共有的，光憑知識很難想出獨特的點子。
因此，如果我們在思考時加入個人經驗的種子，
便能雜揉出獨樹一幟的思想。

《考えるとはどういうことか》

樹立自我風格

每個人都該脫下缺乏個性的制服，穿上各自喜愛的服飾。
在還沒準備好的情況下脫掉衣物可能會感冒，
但若因此感到害怕，你將永遠只能借用現成的東西。
我們必須下定決心，回到思想還是赤裸時的狀態，
無論看起來多麼拙劣，也不要移開目光。
如此才能打造一套名為風格的合身洋裝。

《日本語の感覚》

借來的無法長久

跳脫個人問題來看，我們的社會並非真的變老，
而是白白地迅速老去後迎來淒涼晚年，
這種模式非常顯而易見。
無論學者、思想家還是藝術家，年輕時都英姿颯爽，
但都難以順利跨過中年的關卡。
畢竟丟掉借來的東西並開闢屬於自己的天地，是一件非常困難的事。

《日本語の感覚》

個性會自然流露

現代是崇尚個人特色的時代，
但對於暴露生硬的主觀想法，現代詩人仍舊不免極度敏感。
如果想真正有個性，我們要做的不是一點點地展露特色。
唯有將自我猶如隱匿在點描畫法的點與點之間時，
詩人才能吟詠出自我。

《俳句的》

跳脫慣用的語言

有助於思考的，反而是以舊方法學習的外語。

將文法和辭典作為武器攻讀外語時，我們會抓不到語感、感到抽象。

然而，欠缺語感的同時，也避免了情緒上的沾黏，

如此習得的外語，反倒適合作為另一種思考方式的媒介。

另一方面，用母語推進哲學思考時，

我們必須創造新的知識語言系統，從日常用詞的領域中跳脫出來。

《日本語の論理》

忍耐的用處

壓抑喜怒哀樂的情緒都同樣困難，
然而比起壓抑喜樂，抑制怒哀更需要強大的自制力。
因此，隱忍悲傷、承受痛苦成為一種自我鍛鍊。
當你把這些情緒默默埋藏在心裡，心中的內壓自然會升高，
關鍵時刻便能發揮爆炸性的作用，幫助你度過難關。

《傷のあるリンゴ》

開出有根的花朵

沒有連續性、持續性的地方，不可能產生傳統與習慣；
而在沒有傳統與習慣、只是不停變動的社會中，
人們甚至連選擇自由的自由都沒有。
因為光是適應新狀況，就已經夠讓人精疲力盡了。
人唯有在精神獲得真正自由時，才能在廣義上擁有風格。
除此之外，我們必須鼓起勇氣，跳脫被新思想甩在身後（超越）的恐懼心理。
縱使外頭的花朵開得再美，也不該只是想著將起摘下後帶回家，
而是應該思考如何開出有根的花朵，哪怕一小朵也行。

《日本語の感覚》

出處一覽

《日本語の論理》中公文庫
《ことばの教養》中公文庫
《日本語の個性》中公新書
《日本語の感覚》中央公論新社
《日本の文章》講談社學術文庫
《読書の方法》講談社現代新書
《朝採りの思考》講談社
《老いの整理学》扶桑社新書
《人間的》藝術新聞社
《先忘後記人生整理術》平安文化

《日本の英語、英文学》研究社
《考えるとはどういうことか》集英社International
《傷のあるリンゴ》東京書籍
《思考力》さくら舍
《「マコトよりウソ」の法則》さくら舍
《第四人称》みすず書房
《俳句的》みすず書房
《ちょっとした勉強のコツ》PHP文庫

※原書是將引用的文章經部分編輯、重組後編撰而成。

〈作者介紹〉

外山滋比古

1923年出生於愛知縣。東京文理科大學（今筑波大學）英文系畢業。御茶水女子大學名譽教授、文學博士、評論家、隨筆作家。曾任雜誌《英語青年》編輯、東京教育大學副教授、御茶水女子大學教授、昭和女子大學教授。在其專業的英國文學領域，以及思考、日語論等各領域不斷從事創造性工作，被稱之為「智慧巨人」。2020年7月逝世。

主要著作有《思考整理學》、《亂讀術》、《五十歲豁然開朗》，以及《こうやって、考える》、《ものの見方、考え方》（PHP文庫）、《消えるコトバ・消えないコトバ》（PHP研究所）等。

＊原書是將2019年8月PHP研究所發行過的作品出版成文庫本。

輕鬆思考法

培養靈活觀點的150個啟示！

出　　版／楓書坊文化出版社
地　　址／新北市板橋區信義路163巷3號10樓
郵政劃撥／19907596 楓書坊文化出版社
網　　址／www.maplebook.com.tw
電　　話／02-2957-6096
傳　　真／02-2957-6435
作　　者／外山滋比古
翻　　譯／洪薇
責任編輯／邱凱蓉
內文排版／謝政龍
港澳經銷／泛華發行代理有限公司
定　　價／350元
初版日期／2023年10月

國家圖書館出版品預行編目資料

輕鬆思考法：培養靈活觀點的150個啟示 / 外山滋比古作；洪薇譯. -- 初版. -- 新北市：楓書坊文化出版社, 2023.10　面；　公分

ISBN 978-986-377-901-8（平裝）

1. 修身 2. 生活指導

192.1　112014539